This Planner Belongs to:

Name: ____________________

Phone: ____________________

Email: ____________________

2021

January

S	M	T	W	T	F	S
					1	2
3	4	5	6	7	8	9
10	11	12	13	14	15	16
17	18	19	20	21	22	23
24	25	26	27	28	29	30
31						

February

S	M	T	W	T	F	S
	1	2	3	4	5	6
7	8	9	10	11	12	13
14	15	16	17	18	19	20
21	22	23	24	25	26	27
28						

March

S	M	T	W	T	F	S
	1	2	3	4	5	6
7	8	9	10	11	12	13
14	15	16	17	18	19	20
21	22	23	24	25	26	27
28	29	30	31			

April

S	M	T	W	T	F	S
				1	2	3
4	5	6	7	8	9	10
11	12	13	14	15	16	17
18	19	20	21	22	23	24
25	26	27	28	29	30	

May

S	M	T	W	T	F	S
						1
2	3	4	5	6	7	8
9	10	11	12	13	14	15
16	17	18	19	20	21	22
23	24	25	26	27	28	29
30	31					

June

S	M	T	W	T	F	S
		1	2	3	4	5
6	7	8	9	10	11	12
13	14	15	16	17	18	19
20	21	22	23	24	25	26
27	28	29	30			

July

S	M	T	W	T	F	S
				1	2	3
4	5	6	7	8	9	10
11	12	13	14	15	16	17
18	19	20	21	22	23	24
25	26	27	28	29	30	31

August

S	M	T	W	T	F	S
1	2	3	4	5	6	7
8	9	10	11	12	13	14
15	16	17	18	19	20	21
22	23	24	25	26	27	28
29	30	31				

September

S	M	T	W	T	F	S
			1	2	3	4
5	6	7	8	9	10	11
12	13	14	15	16	17	18
19	20	21	22	23	24	25
26	27	28	29	30		

October

S	M	T	W	T	F	S
					1	2
3	4	5	6	7	8	9
10	11	12	13	14	15	16
17	18	19	20	21	22	23
24	25	26	27	28	29	30
31						

November

S	M	T	W	T	F	S
	1	2	3	4	5	6
7	8	9	10	11	12	13
14	15	16	17	18	19	20
21	22	23	24	25	26	27
28	29	30				

December

S	M	T	W	T	F	S
			1	2	3	4
5	6	7	8	9	10	11
12	13	14	15	16	17	18
19	20	21	22	23	24	25
26	27	28	29	30	31	

January 2021

SUNDAY	MONDAY	TUESDAY	WEDNESDAY
3	4	5	6
10	11	12	13
17	18 Martin Luther King Day	19	20
24 / 31	25	26	27

January 2021

THURSDAY	FRIDAY	SATURDAY
	1 New Year's Day	2
7	8	9
14	15	16
21	22	23
28	29	30

NOTES

February 2021

SUNDAY	MONDAY	TUESDAY	WEDNESDAY
	1	2	3
7	8	9	10
14	15 Presidents' Day	16	17
21	22	23	24
28			

February 2021

THURSDAY	FRIDAY	SATURDAY
4	5	6
11	12	13
18	19	20
25	26	27

NOTES

March 2021

SUNDAY	MONDAY	TUESDAY	WEDNESDAY
	1	2	3
7	8	9	10
14	15	16	17
21	22	23	24
28	29	30	31

March 2021

THURSDAY	FRIDAY	SATURDAY
4	5	6
11	12	13
18	19	20
25	26	27

NOTES

April 2021

SUNDAY	MONDAY	TUESDAY	WEDNESDAY
4	5	6	7
11	12	13	14
18	19	20	21
25	26	27	28

April 2021

THURSDAY	FRIDAY	SATURDAY
1	2	3
8	9	10
15	16	17
22	23	24
29	30	

NOTES

May 2021

SUNDAY	MONDAY	TUESDAY	WEDNESDAY
2	3	4	5
9	10	11	12
16	17	18	19
23 / 30	24 / 31 Memorial Day	25	26

May

2021

THURSDAY	FRIDAY	SATURDAY
		1
6	7	8
13	14	15
20	21	22
27	28	29

NOTES

June 2021

SUNDAY	MONDAY	TUESDAY	WEDNESDAY
		1	2
6	7	8	9
13	14	15	16
20	21	22	23
27	28	29	30

June 2021

THURSDAY	FRIDAY	SATURDAY
3	4	5
10	11	12
17	18	19
24	25	26

NOTES

July 2021

SUNDAY	MONDAY	TUESDAY	WEDNESDAY
4 Independence Day	5	6	7
11	12	13	14
18	19	20	21
25	26	27	28

July 2021

THURSDAY	FRIDAY	SATURDAY
1	2	3
8	9	10
15	16	17
22	23	24
29	30	31

NOTES

August 2021

SUNDAY	MONDAY	TUESDAY	WEDNESDAY
1	2	3	4
8	9	10	11
15	16	17	18
22	23	24	25
29	30	31	

August 2021

THURSDAY	FRIDAY	SATURDAY
5	6	7
12	13	14
19	20	21
26	27	28

NOTES

September 2021

SUNDAY	MONDAY	TUESDAY	WEDNESDAY
			1
5	6 Labor Day	7	8
12	13	14	15
19	20	21	22
26	27	28	29

September 2021

THURSDAY	FRIDAY	SATURDAY
2	3	4
9	10	11
16	17	18
23	24	25
30		

NOTES

October 2021

SUNDAY	MONDAY	TUESDAY	WEDNESDAY
3	4	5	6
10	11 Columbus Day	12	13
17	18	19	20
24 / 31	25	26	27

October 2021

THURSDAY	FRIDAY	SATURDAY
	1	2
7	8	9
14	15	16
21	22	23
28	29	30

NOTES

November 2021

SUNDAY	MONDAY	TUESDAY	WEDNESDAY
	1	2	3
7	8	9	10
14	15	16	17
21	22	23	24
28	29	30	

November 2021

THURSDAY	FRIDAY	SATURDAY
4	5	6
11 Veterans Day	12	13
18	19	20
25 Thanksgiving Day	26	27

NOTES

December 2021

SUNDAY	MONDAY	TUESDAY	WEDNESDAY
			1
5	6	7	8
12	13	14	15
19	20	21	22
26	27	28	29

December 2021

THURSDAY	FRIDAY	SATURDAY
2	3	4
9	10	11
16	17	18
23	24	25 Christmas Day
30	31	

NOTES

NOTES

NOTES

NOTES

NOTES

2022

January

S	M	T	W	T	F	S
						1
2	3	4	5	6	7	8
9	10	11	12	13	14	15
16	17	18	19	20	21	22
23	24	25	26	27	28	29
30	31					

February

S	M	T	W	T	F	S
		1	2	3	4	5
6	7	8	9	10	11	12
13	14	15	16	17	18	19
20	21	22	23	24	25	26
27	28					

March

S	M	T	W	T	F	S
		1	2	3	4	5
6	7	8	9	10	11	12
13	14	15	16	17	18	19
20	21	22	23	24	25	26
27	28	29	30	31		

April

S	M	T	W	T	F	S
					1	2
3	4	5	6	7	8	9
10	11	12	13	14	15	16
17	18	19	20	21	22	23
24	25	26	27	28	29	30

May

S	M	T	W	T	F	S
1	2	3	4	5	6	7
8	9	10	11	12	13	14
15	16	17	18	19	20	21
22	23	24	25	26	27	28
29	30	31				

June

S	M	T	W	T	F	S
			1	2	3	4
5	6	7	8	9	10	11
12	13	14	15	16	17	18
19	20	21	22	23	24	25
26	27	28	29	30		

July

S	M	T	W	T	F	S
					1	2
3	4	5	6	7	8	9
10	11	12	13	14	15	16
17	18	19	20	21	22	23
24	25	26	27	28	29	30
31						

August

S	M	T	W	T	F	S
	1	2	3	4	5	6
7	8	9	10	11	12	13
14	15	16	17	18	19	20
21	22	23	24	25	26	27
28	29	30	31			

September

S	M	T	W	T	F	S
				1	2	3
4	5	6	7	8	9	10
11	12	13	14	15	16	17
18	19	20	21	22	23	24
25	26	27	28	29	30	

October

S	M	T	W	T	F	S
						1
2	3	4	5	6	7	8
9	10	11	12	13	14	15
16	17	18	19	20	21	22
23	24	25	26	27	28	29
30	31					

November

S	M	T	W	T	F	S
		1	2	3	4	5
6	7	8	9	10	11	12
13	14	15	16	17	18	19
20	21	22	23	24	25	26
27	28	29	30			

December

S	M	T	W	T	F	S
				1	2	3
4	5	6	7	8	9	10
11	12	13	14	15	16	17
18	19	20	21	22	23	24
25	26	27	28	29	30	31

January 2022

SUNDAY	MONDAY	TUESDAY	WEDNESDAY
2	3	4	5
9	10	11	12
16	17 Martin Luther King Day	18	19
23 / 30	24 / 31	25	26

January 2022

THURSDAY	FRIDAY	SATURDAY
		1 New Year's Day
6	7	8
13	14	15
20	21	22
27	28	29

NOTES

February 2022

SUNDAY	MONDAY	TUESDAY	WEDNESDAY
		1	2
6	7	8	9
13	14	15	16
20	21 Presidents's Day	22	23
27	28		

February 2022

THURSDAY	FRIDAY	SATURDAY
3	4	5
10	11	12
17	18	19
24	25	26

NOTES

March 2022

SUNDAY	MONDAY	TUESDAY	WEDNESDAY
		1	2
6	7	8	9
13	14	15	16
20	21	22	23
27	28	29	30

March 2022

THURSDAY	FRIDAY	SATURDAY
3	4	5
10	11	12
17	18	19
24	25	26
31		

NOTES

April 2022

SUNDAY	MONDAY	TUESDAY	WEDNESDAY
3	4	5	6
10	11	12	13
17	18	19	20
24	25	26	27

April 2022

THURSDAY	FRIDAY	SATURDAY
	1	2
7	8	9
14	15	16
21	22	23
28	29	30

NOTES

May 2022

SUNDAY	MONDAY	TUESDAY	WEDNESDAY
1	2	3	4
8	9	10	11
15	16	17	18
22	23	24	25
29	30 Memorial Day	31	

May 2022

THURSDAY	FRIDAY	SATURDAY
5	6	7
12	13	14
19	20	21
26	27	28

NOTES

June 2022

SUNDAY	MONDAY	TUESDAY	WEDNESDAY
			1
5	6	7	8
12	13	14	15
19	20	21	22
26	27	28	29

June 2022

THURSDAY	FRIDAY	SATURDAY
2	3	4
9	10	11
16	17	18
23	24	25
30		

NOTES

July 2022

SUNDAY	MONDAY	TUESDAY	WEDNESDAY
3	4 Independence Day	5	6
10	11	12	13
17	18	19	20
24 / 31	25	26	27

July 2022

THURSDAY	FRIDAY	SATURDAY
	1	2
7	8	9
14	15	16
21	22	23
28	29	30

NOTES

August 2022

SUNDAY	MONDAY	TUESDAY	WEDNESDAY
	1	2	3
7	8	9	10
14	15	16	17
21	22	23	24
28	29	30	31

August 2022

THURSDAY	FRIDAY	SATURDAY
4	5	6
11	12	13
18	19	20
25	26	27

NOTES

September 2022

SUNDAY	MONDAY	TUESDAY	WEDNESDAY
4	5 Labor Day	6	7
11	12	13	14
18	19	20	21
25	26	27	28

September 2022

THURSDAY	FRIDAY	SATURDAY
1	2	3
8	9	10
15	16	17
22	23	24
29	30	

NOTES

October 2022

SUNDAY	MONDAY	TUESDAY	WEDNESDAY
2	3	4	5
9	10 Columbus Day	11	12
16	17	18	19
23 / 30	24 / 31	25	26

October 2022

THURSDAY	FRIDAY	SATURDAY
		1
6	7	8
13	14	15
20	21	22
27	28	29

NOTES

November 2022

SUNDAY	MONDAY	TUESDAY	WEDNESDAY
		1	2
6	7	8	9
13	14	15	16
20	21	22	23
27	28	29	30

November 2022

THURSDAY	FRIDAY	SATURDAY
3	4	5
10	11 Veterans Day	12
17	18	19
24 Thanksgiving Day	25	26

NOTES

December 2022

SUNDAY	MONDAY	TUESDAY	WEDNESDAY
4	5	6	7
11	12	13	14
18	19	20	21
25 Christmas Day	26	27	28

December 2022

THURSDAY	FRIDAY	SATURDAY
1	2	3
8	9	10
15	16	17
22	23	24
29	30	31

NOTES

NOTES

NOTES

NOTES

NOTES

2023

January

S	M	T	W	T	F	S
1	2	3	4	5	6	7
8	9	10	11	12	13	14
15	16	17	18	19	20	21
22	23	24	25	26	27	28
29	30	31				

February

S	M	T	W	T	F	S
			1	2	3	4
5	6	7	8	9	10	11
12	13	14	15	16	17	18
19	20	21	22	23	24	25
26	27	28				

March

S	M	T	W	T	F	S
			1	2	3	4
5	6	7	8	9	10	11
12	13	14	15	16	17	18
19	20	21	22	23	24	25
26	27	28	29	30	31	

April

S	M	T	W	T	F	S
						1
2	3	4	5	6	7	8
9	10	11	12	13	14	15
16	17	18	19	20	21	22
23	24	25	26	27	28	29
30						

May

S	M	T	W	T	F	S
	1	2	3	4	5	6
7	8	9	10	11	12	13
14	15	16	17	18	19	20
21	22	23	24	25	26	27
28	29	30	31			

June

S	M	T	W	T	F	S
				1	2	3
4	5	6	7	8	9	10
11	12	13	14	15	16	17
18	19	20	21	22	23	24
25	26	27	28	29	30	

July

S	M	T	W	T	F	S
						1
2	3	4	5	6	7	8
9	10	11	12	13	14	15
16	17	18	19	20	21	22
23	24	25	26	27	28	29
30	31					

August

S	M	T	W	T	F	S
		1	2	3	4	5
6	7	8	9	10	11	12
13	14	15	16	17	18	19
20	21	22	23	24	25	26
27	28	29	30	31		

September

S	M	T	W	T	F	S
					1	2
3	4	5	6	7	8	9
10	11	12	13	14	15	16
17	18	19	20	21	22	23
24	25	26	27	28	29	30

October

S	M	T	W	T	F	S
1	2	3	4	5	6	7
8	9	10	11	12	13	14
15	16	17	18	19	20	21
22	23	24	25	26	27	28
29	30	31				

November

S	M	T	W	T	F	S
			1	2	3	4
5	6	7	8	9	10	11
12	13	14	15	16	17	18
19	20	21	22	23	24	25
26	27	28	29	30		

December

S	M	T	W	T	F	S
					1	2
3	4	5	6	7	8	9
10	11	12	13	14	15	16
17	18	19	20	21	22	23
24	25	26	27	28	29	30
31						

January 2023

SUNDAY	MONDAY	TUESDAY	WEDNESDAY
1 New Year's Day	2	3	4
8	9	10	11
15	16 Martin Luther King Day	17	18
22	23	24	25
29	30	31	

January 2023

THURSDAY	FRIDAY	SATURDAY
5	6	7
12	13	14
19	20	21
26	27	28

NOTES

February 2023

SUNDAY	MONDAY	TUESDAY	WEDNESDAY
			1
5	6	7	8
12	13	14	15
19	20 Presidents' Day	21	22
26	27	28	

February 2023

THURSDAY	FRIDAY	SATURDAY
2	3	4
9	10	11
16	17	18
23	24	25

NOTES

March 2023

SUNDAY	MONDAY	TUESDAY	WEDNESDAY
			1
5	6	7	8
12	13	14	15
19	20	21	22
26	27	28	29

March 2023

THURSDAY	FRIDAY	SATURDAY
2	3	4
9	10	11
16	17	18
23	24	25
30	31	

NOTES

April 2023

SUNDAY	MONDAY	TUESDAY	WEDNESDAY
2	3	4	5
9	10	11	12
16	17	18	19
23 / 30	24	25	26

April 2023

THURSDAY	FRIDAY	SATURDAY
		1
6	7	8
13	14	15
20	21	22
27	28	29

NOTES

May 2023

SUNDAY	MONDAY	TUESDAY	WEDNESDAY
	1	2	3
7	8	9	10
14	15	16	17
21	22	23	24
28	29 Memorial Day	30	31

May 2023

THURSDAY	FRIDAY	SATURDAY
4	5	6
11	12	13
18	19	20
25	26	27

NOTES

June 2023

SUNDAY	MONDAY	TUESDAY	WEDNESDAY
4	5	6	7
11	12	13	14
18	19	20	21
25	26	27	28

June 2023

THURSDAY	FRIDAY	SATURDAY
1	2	3
8	9	10
15	16	17
22	23	24
29	30	

NOTES

July 2023

SUNDAY	MONDAY	TUESDAY	WEDNESDAY
2	3	4 Independence Day	5
9	10	11	12
16	17	18	19
23 / 30	24 / 31	25	26

July 2023

THURSDAY	FRIDAY	SATURDAY
		1
6	7	8
13	14	15
20	21	22
27	28	29

NOTES

August 2023

SUNDAY	MONDAY	TUESDAY	WEDNESDAY
		1	2
6	7	8	9
13	14	15	16
20	21	22	23
27	28	29	30

August 2023

THURSDAY	FRIDAY	SATURDAY
3	4	5
10	11	12
17	18	19
24	25	26
31		

NOTES

September 2023

SUNDAY	MONDAY	TUESDAY	WEDNESDAY
3	4 Labor Day	5	6
10	11	12	13
17	18	19	20
24	25	26	27

September 2023

THURSDAY	FRIDAY	SATURDAY
	1	2
7	8	9
14	15	16
21	22	23
28	29	30

NOTES

October 2023

SUNDAY	MONDAY	TUESDAY	WEDNESDAY
1	2	3	4
8	9 Columbus Day	10	11
15	16	17	18
22	23	24	25
29	30	31	

October 2023

THURSDAY	FRIDAY	SATURDAY
5	6	7
12	13	14
19	20	21
26	27	28

NOTES

November 2023

SUNDAY	MONDAY	TUESDAY	WEDNESDAY
			1
5	6	7	8
12	13	14	15
19	20	21	22
26	27	28	29

November 2023

THURSDAY	FRIDAY	SATURDAY
2	3	4
9	10	11 Veterans Day
16	17	18
23 Thanksgiving Day	24	25
30		

NOTES

December 2023

SUNDAY	MONDAY	TUESDAY	WEDNESDAY
3	4	5	6
10	11	12	13
17	18	19	20
24 / 31	25 Christmas Day	26	27

December 2023

THURSDAY	FRIDAY	SATURDAY
	1	2
7	8	9
14	15	16
21	22	23
28	29	30

NOTES

NOTES

NOTES

NOTES

NOTES

2024

January

S	M	T	W	T	F	S
	1	2	3	4	5	6
7	8	9	10	11	12	13
14	15	16	17	18	19	20
21	22	23	24	25	26	27
28	29	30	31			

February

S	M	T	W	T	F	S
				1	2	3
4	5	6	7	8	9	10
11	12	13	14	15	16	17
18	19	20	21	22	23	24
25	26	27	28	29		

March

S	M	T	W	T	F	S
					1	2
3	4	5	6	7	8	9
10	11	12	13	14	15	16
17	18	19	20	21	22	23
24	25	26	27	28	29	30
31						

April

S	M	T	W	T	F	S
	1	2	3	4	5	6
7	8	9	10	11	12	13
14	15	16	17	18	19	20
21	22	23	24	25	26	27
28	29	30				

May

S	M	T	W	T	F	S
			1	2	3	4
5	6	7	8	9	10	11
12	13	14	15	16	17	18
19	20	21	22	23	24	25
26	27	28	29	30	31	

June

S	M	T	W	T	F	S
						1
2	3	4	5	6	7	8
9	10	11	12	13	14	15
16	17	18	19	20	21	22
23	24	25	26	27	28	29
30						

July

S	M	T	W	T	F	S
	1	2	3	4	5	6
7	8	9	10	11	12	13
14	15	16	17	18	19	20
21	22	23	24	25	26	27
28	29	30	31			

August

S	M	T	W	T	F	S
				1	2	3
4	5	6	7	8	9	10
11	12	13	14	15	16	17
18	19	20	21	22	23	24
25	26	27	28	29	30	31

September

S	M	T	W	T	F	S
1	2	3	4	5	6	7
8	9	10	11	12	13	14
15	16	17	18	19	20	21
22	23	24	25	26	27	28
29	30					

October

S	M	T	W	T	F	S
		1	2	3	4	5
6	7	8	9	10	11	12
13	14	15	16	17	18	19
20	21	22	23	24	25	26
27	28	29	30	31		

November

S	M	T	W	T	F	S
					1	2
3	4	5	6	7	8	9
10	11	12	13	14	15	16
17	18	19	20	21	22	23
24	25	26	27	28	29	30

December

S	M	T	W	T	F	S
1	2	3	4	5	6	7
8	9	10	11	12	13	14
15	16	17	18	19	20	21
22	23	24	25	26	27	28
29	30	31				

January 2024

SUNDAY	MONDAY	TUESDAY	WEDNESDAY
	1 New Year's Day	2	3
7	8	9	10
14	15 Martin Luther King Day	16	17
21	22	23	24
28	29	30	31

January 2024

THURSDAY	FRIDAY	SATURDAY
4	5	6
11	12	13
18	19	20
25	26	27

NOTES

February 2024

SUNDAY	MONDAY	TUESDAY	WEDNESDAY
4	5	6	7
11	12	13	14
18	19 Presidents' Day	20	21
25	26	27	28

February 2024

THURSDAY	FRIDAY	SATURDAY
1	2	3
8	9	10
15	16	17
22	23	24
29		

NOTES

March 2024

SUNDAY	MONDAY	TUESDAY	WEDNESDAY
3	4	5	6
10	11	12	13
17	18	19	20
24 / 31	25	26	27

March

2024

THURSDAY	FRIDAY	SATURDAY
	1	2
7	8	9
14	15	16
21	22	23
28	29	30

NOTES

April 2024

SUNDAY	MONDAY	TUESDAY	WEDNESDAY
	1	2	3
7	8	9	10
14	15	16	17
21	22	23	24
28	29	30	

April 2024

THURSDAY	FRIDAY	SATURDAY
4	5	6
11	12	13
18	19	20
25	26	27

NOTES

May 2024

SUNDAY	MONDAY	TUESDAY	WEDNESDAY
			1
5	6	7	8
12	13	14	15
19	20	21	22
26	27 Memorial Day	28	29

May 2024

THURSDAY	FRIDAY	SATURDAY
2	3	4
9	10	11
16	17	18
23	24	25
30	31	

NOTES

June 2024

SUNDAY	MONDAY	TUESDAY	WEDNESDAY
2	3	4	5
9	10	11	12
16	17	18	19
23 / 30	24	25	26

June 2024

THURSDAY	FRIDAY	SATURDAY
		1
6	7	8
13	14	15
20	21	22
27	28	29

NOTES

July 2024

SUNDAY	MONDAY	TUESDAY	WEDNESDAY
	1	2	3
7	8	9	10
14	15	16	17
21	22	23	24
28	29	30	31

July 2024

THURSDAY	FRIDAY	SATURDAY
4 Independence Day	5	6
11	12	13
18	19	20
25	26	27

NOTES

August 2024

SUNDAY	MONDAY	TUESDAY	WEDNESDAY
4	5	6	7
11	12	13	14
18	19	20	21
25	26	27	28

August 2024

THURSDAY	FRIDAY	SATURDAY
1	2	3
8	9	10
15	16	17
22	23	24
29	30	31

NOTES

September 2024

SUNDAY	MONDAY	TUESDAY	WEDNESDAY
1	2 Labor Day	3	4
8	9	10	11
15	16	17	18
22	23	24	25
29	30		

September 2024

THURSDAY	FRIDAY	SATURDAY
5	6	7
12	13	14
19	20	21
26	27	28

NOTES

October 2024

SUNDAY	MONDAY	TUESDAY	WEDNESDAY
		1	2
6	7	8	9
13	14 Columbus Day	15	16
20	21	22	23
27	28	29	30

October 2024

THURSDAY	FRIDAY	SATURDAY
3	4	5
10	11	12
17	18	19
24	25	26
31		

NOTES

November 2024

SUNDAY	MONDAY	TUESDAY	WEDNESDAY
3	4	5	6
10	11 Veterans Day	12	13
17	18	19	20
24	25	26	27

November 2024

THURSDAY	FRIDAY	SATURDAY
	1	2
7	8	9
14	15	16
21	22	23
28 Thanksgiving Day	29	30

NOTES

December 2024

SUNDAY	MONDAY	TUESDAY	WEDNESDAY
1	2	3	4
8	9	10	11
15	16	17	18
22	23	24	25 Christmas Day
29	30	31	

December 2024

THURSDAY	FRIDAY	SATURDAY
5	6	7
12	13	14
19	20	21
26	27	28

NOTES

NOTES

NOTES

NOTES

NOTES

2025

January

S	M	T	W	T	F	S
			1	2	3	4
5	6	7	8	9	10	11
12	13	14	15	16	17	18
19	20	21	22	23	24	25
26	27	28	29	30	31	

February

S	M	T	W	T	F	S
						1
2	3	4	5	6	7	8
9	10	11	12	13	14	15
16	17	18	19	20	21	22
23	24	25	26	27	28	

March

S	M	T	W	T	F	S
						1
2	3	4	5	6	7	8
9	10	11	12	13	14	15
16	17	18	19	20	21	22
23	24	25	26	27	28	29
30	31					

April

S	M	T	W	T	F	S
		1	2	3	4	5
6	7	8	9	10	11	12
13	14	15	16	17	18	19
20	21	22	23	24	25	26
27	28	29	30			

May

S	M	T	W	T	F	S
				1	2	3
4	5	6	7	8	9	10
11	12	13	14	15	16	17
18	19	20	21	22	23	24
25	26	27	28	29	30	31

June

S	M	T	W	T	F	S
1	2	3	4	5	6	7
8	9	10	11	12	13	14
15	16	17	18	19	20	21
22	23	24	25	26	27	28
29	30					

July

S	M	T	W	T	F	S
		1	2	3	4	5
6	7	8	9	10	11	12
13	14	15	16	17	18	19
20	21	22	23	24	25	26
27	28	29	30	31		

August

S	M	T	W	T	F	S
					1	2
3	4	5	6	7	8	9
10	11	12	13	14	15	16
17	18	19	20	21	22	23
24	25	26	27	28	29	30
31						

September

S	M	T	W	T	F	S
	1	2	3	4	5	6
7	8	9	10	11	12	13
14	15	16	17	18	19	20
21	22	23	24	25	26	27
28	29	30				

October

S	M	T	W	T	F	S
			1	2	3	4
5	6	7	8	9	10	11
12	13	14	15	16	17	18
19	20	21	22	23	24	25
26	27	28	29	30	31	

November

S	M	T	W	T	F	S
						1
2	3	4	5	6	7	8
9	10	11	12	13	14	15
16	17	18	19	20	21	22
23	24	25	26	27	28	29
30						

December

S	M	T	W	T	F	S
	1	2	3	4	5	6
7	8	9	10	11	12	13
14	15	16	17	18	19	20
21	22	23	24	25	26	27
28	29	30	31			

January 2025

SUNDAY	MONDAY	TUESDAY	WEDNESDAY
			1 New Year's Day
5	6	7	8
12	13	14	15
19	20 Martin Luther King Day	21	22
26	27	28	29

January 2025

THURSDAY	FRIDAY	SATURDAY
2	3	4
9	10	11
16	17	18
23	24	25
30	31	

NOTES

February 2025

SUNDAY	MONDAY	TUESDAY	WEDNESDAY
2	3	4	5
9	10	11	12
16	17 Presidents' Day	18	19
23	24	25	26

February 2025

THURSDAY	FRIDAY	SATURDAY
		1
6	7	8
13	14	15
20	21	22
27	28	29

NOTES

March 2025

SUNDAY	MONDAY	TUESDAY	WEDNESDAY
2	3	4	5
9	10	11	12
16	17	18	19
23 / 30	24 / 31	25	26

March 2025

THURSDAY	FRIDAY	SATURDAY
		1
6	7	8
13	14	15
20	21	22
27	28	29

NOTES

April 2025

SUNDAY	MONDAY	TUESDAY	WEDNESDAY
		1	2
6	7	8	9
13	14	15	16
20	21	22	23
27	28	29	30

April 2025

THURSDAY	FRIDAY	SATURDAY
3	4	5
10	11	12
17	18	19
24	25	26

NOTES

May 2025

SUNDAY	MONDAY	TUESDAY	WEDNESDAY
4	5	6	7
11	12	13	14
18	19	20	21
25	26 Memorial Day	27	28

May 2025

THURSDAY	FRIDAY	SATURDAY
1	2	3
8	9	10
15	16	17
22	23	24
29	30	31

NOTES

June 2025

SUNDAY	MONDAY	TUESDAY	WEDNESDAY
1	2	3	4
8	9	10	11
15	16	17	18
22	23	24	25
29	30		

June 2025

THURSDAY	FRIDAY	SATURDAY
5	6	7
12	13	14
19	20	21
26	27	28

NOTES

July 2025

SUNDAY	MONDAY	TUESDAY	WEDNESDAY
		1	2
6	7	8	9
13	14	15	16
20	21	22	23
27	28	29	30

July 2025

THURSDAY	FRIDAY	SATURDAY
3	4 Independence Day	5
10	11	12
17	18	19
24	25	26
31		

NOTES

August 2025

SUNDAY	MONDAY	TUESDAY	WEDNESDAY
3	4	5	6
10	11	12	13
17	18	19	20
24 / 31	25	26	27

August 2025

THURSDAY	FRIDAY	SATURDAY
	1	2
7	8	9
14	15	16
21	22	23
28	29	30

NOTES

September 2025

SUNDAY	MONDAY	TUESDAY	WEDNESDAY
	1 Labor Day	2	3
7	8	9	10
14	15	16	17
21	22	23	24
28	29	30	

September 2025

THURSDAY	FRIDAY	SATURDAY
4	5	6
11	12	13
18	19	20
25	26	27

NOTES

October 2025

SUNDAY	MONDAY	TUESDAY	WEDNESDAY
			1
5	6	7	8
12	13 Columbus Day	14	15
19	20	21	22
26	27	28	29

October 2025

THURSDAY	FRIDAY	SATURDAY
2	3	4
9	10	11
16	17	18
23	24	25
30	31	

NOTES

November 2025

SUNDAY	MONDAY	TUESDAY	WEDNESDAY
2	3	4	5
9	10	11 Veterans Day	12
16	17	18	19
23 / 30	24	25	26

November 2025

THURSDAY	FRIDAY	SATURDAY
		1
6	7	8
13	14	15
20	21	22
27 Thanksgiving	28	29

NOTES

December 2025

SUNDAY	MONDAY	TUESDAY	WEDNESDAY
	1	2	3
7	8	9	10
14	15	16	17
21	22	23	24
28	29	30	31

December 2025

THURSDAY	FRIDAY	SATURDAY
4	5	6
11	12	13
18	19	20
25 Christmas Day	26	27

NOTES

NOTES

NOTES

NOTES

NOTES

Printed in Great Britain
by Amazon

62557571R00086